AF316250

AVEZ-VOUS PEUR?

AVEZ-VOUS PEUR?

OU

RÉFLEXIONS

SUR

LA PROCLAMATION

DU 17 FRUCTIDOR,

SIGNÉE SYEYES.

Les gens que vous tuez se portent assez bien.

CORNEILLE. *Le Menteur*, acte IV, scène II.

A PARIS,

Chez les marchands de nouveautés.

AN VIII.

AVEZ-VOUS PEUR?

OU

RÉFLEXIONS

SUR

LA PROCLAMATION

DU 17 FRUCTIDOR,

SIGNÉE SYEYES.

L ORSQUE des publicistes d'un jour se per-
mettoient d'appeler la peur au secours de la
république, j'ai gardé le silence ; mais aujourd'hui que les hommes qui nous gouver-
nent l'invoquent aussi comme leur divinité
tutélaire, il est du devoir d'un républicain
de leur rappeler que la peur est une sensation
qui s'use d'autant plus vîte, qu'elle est plus
pénible, et que la république périroit bientôt si les poltrons seuls accouroient à sa dé-
défense. Ah ! sans doute son triomphe tient

[6]

aux vertus sublimes et généreuses dont la
révolution offre tant d'exemples. Que l'on
n'attribue donc point à l'esprit de contra-
diction l'examen que je vais faire de la pro-
clamatiou signée *Syeyes* : un motif plus pur
m'anime.

Jusqu'à présent le but des puissances coalisées avoit été un mystère que chaque parti
interprétoit suivant ses craintes et ses desirs.
Les royalistes, faciles dans leurs espérances,
disoient à quiconque leur prêtoit l'oreille :
" Soyez persuadé que les rois, éveillés par
,, la chûte de plusieurs trônes et l'ébran-
,, lement de tous, ont enfin senti que leur
,, existence et celle de la république étoient
,, incompatibles. L'union de la Porte-Otto-
,, mane et de la Russie, de l'Angleterre et
,, de l'Autriche a pour but l'anéantissement
,, de la république et le rétablissement des
,, Bourbons sur le trône de leurs pères. ,,

Les républicains répondoient : " Nous ne
,, doutons pas que les tyrans coalisés n'aient
,, pour but de détruire la quatrième consti-
,, tution que nous avons juré de maintenir ;
,, mais il est également certain qu'ils ne
,, parlent de Louis XVIII, que pour réveiller

,, le courage de ses partisans : s'ils triom-
,, phent, vous les verrez oublier leurs pro-
,, messes et se partager la France. L'Angle-
,, terre, qui n'est devenue forte qu'en per-
,, dant ses provinces sur le continent, aspire
,, à reconquérir la Guyenne ; l'Autriche qui,
,, depuis un siècle, offre la Belgique à qui
,, pourroit la payer, redemande l'Alsace et
,, la Lorraine ; le Turc même convoite Mar-
,, seille et Toulon ; et qui sait si l'empereur de
,, Russie ne médite pas de faire de Paris la
,, capitale de son immense empire ? Cré-
,, dules royalistes ! en desirant les succès de
,, la coalition, vous coopérez au partage de
,, la France !,,

Dieu seul peut lire dans le cœur de ceux qui dissimulent : ainsi, la grande majorité des Français flottoit incertaine entre les espérances des royalistes et les craintes des républicains. Le secret de la coalition vient enfin d'être révélé. Certes, ce n'est pas sans les plus fortes preuves et la plus intime conviction que le citoyen Syeyes, dont la politique embrasse et prévoit tout, a dit dans sa proclamation :

" Vous ne savez pas combien les royalistes,

„ *sous le pouvoir desquels les puissances*
„ *coalisées veulent vous faire rentrer*, sont
„ rigoureux dans l'examen de la conduite,
„ dans le jugement des opinions. „

Laissons un moment de côté le rigorisme des royalistes, et reposons nos idées sur la certitude que nous donne enfin le président du directoire, que la coalition ne combat point pour diviser la France, mais pour la remettre sous le pouvoir de celui que tous les partis appellent Louis XVIII (1).

Dans un discours destiné à produire un tremblement universel, un tel aveu, fait par un homme dont la prudence est estimée, a quelque chose de rassurant : car, s'il y a des royalistes en France, il n'y a point d'hommes assez dépourvus de fierté et de

---

(1) Il est remarquable que dans la proclamation, il est souvent question de la fureur des royalistes, de l'insupportable aristocratie des émigrés ; mais qu'on n'y parle ni directement, ni indirectement de celui qui régneroit, si les puissances coalisées triomphoient. Cependant de la moralité et du caractère du roi dépendroit la conduite que tiendroit les émigrés et les royalistes.

patriotisme pour courber la tête sous un joug étranger. Perdre le nom de Français, ce seroit perdre plus que l'existence. Ainsi, quels que soient les crimes, qu'au jugement des rois, les Français ont pu commettre, ce n'est point par des étrangers qu'ils seront jugés, c'est par un monarque qui, si cruel qu'on le suppose, aura du moins un intérêt à la clémence. Pour régner sur un désert, autant vaudroit rester à Mittaw.

Le but de la première coalition étoit le démembrement de la France. Ce but étoit si extravagant, qu'il ne pouvoit pas être atteint. Dans la coalition actuelle, l'intérêt de chaque roi se cache si naturellement sous la grandeur et la magnanimité, que l'on craint enfin qu'elle ne réussisse. La modération des rois tient à l'expérience qu'ils ont acquise par dix ans de révolution ; pourquoi cette expérience seroit-elle perdue pour les émigrés ? entre le gentilhomme arrivant fou à Coblentz en 1789, et l'émigré revenant de la Russie en 1799, ne peut-on pas raisonnablement supposer quelque différence ? Qui de nous a conservé les mêmes sentimens, les mêmes desirs, les mêmes projets qu'il avoit lors de la convocation des états-généraux ? Le tems qui change tout, a appaisé la soif de sang qui a déshonoré, pendant une longue époque, la cause des républicains : le tems n'a-t-il pas pu également appaiser la soif de vengeance qui dévoroit les royalistes, lorsqu'ils se crurent sans patrie ? Qui l'affirmeroit ne se tromperoit peut-être pas ; mais comme il est moins sûr de juger les hommes sur leurs sentimens que par leurs intérêts, voyons si l'intérêt des royalistes est tel que le voit et le montre le président du directoire. Je le répète ; je crains qu'il ne se soit trompé ; et comme chacun reconnoîtroit bientôt l'erreur dans laquelle il auroit été entraîné, il est du devoir d'un républicain d'avertir le gouvernement, afin que cessant de compter sur la peur, il s'adresse aux vertus sublimes dont les républicains sont toujours capables.

" Apprenez, dit la proclamation, que le „ ressentiment de vos ennemis vous menace „ TOUS, et que vous seriez TOUS frappés par „ leur vengeance. „

Tous signifie ici la généralité des Français ; et certes, de quelque vivacité d'imagination qu'on soit pourvu, on ne conçoit pas bien comment ving-cinq millions de Français seroient la proie de dix ou douze mille émigrés (1). Aussi le président du directoire, après avoir placé tous les Français sous le glaive royaliste de la vengeance, a-t-il été obligé de faire la part de chacun.

Les émigrés veulent rentrer dans leur patrie : que seroit leur patrie, s'ils exterminoient TOUS ceux qui l'habitent ? Ils veulent rentrer dans leurs biens : que seroient leurs terres, s'ils ne gardoient pas, pour les exploiter, les paysans que la guerre n'a pas moissonnés? Ils habiteront leurs maisons, il leur faudra donc des artistes, des ouvriers, des domestiques, des marchands : ils veulent un gouvernement, il leur faudra donc des ministres, des commis, des juges, des armées, etc., etc., etc., etc. En un mot, on ne conçoit pas dix mille hommes riches et

----

(1) Presque tous les chefs de familles nobles, qui ont pris part à l'émigration systématique et armée, ont péri par la guerre ou la misère. On peut affirmer qu'il n'en survit pas trois mille. C'est pour abonder dans le sens de la peur qu'on accorde dix mille vrais émigrés.

titrés dans un pays, sans concevoir aussi-tôt
une population immense qui l'habite avec
eux.

Les Français ne périront donc pas TOUS.

Rassuré sur l'extermination universelle,
je cherche maintenant à me tranquilliser sur
les classes particulières ; car la mort m'effraie
quand elle menace d'autres que moi.

Je copie la proclamation :

"Les constituans, les législateurs de 1791
,, et les conventionnels de 1792, sont soli-
,, daires aux yeux de la coalition du ren-
,, versement du despotisme et du renverse-
,, ment du trône (1). Le serment fait au jeu
,, de paume à la liberté, est pour eux un

(1) La distinction faite par le citoyen *Syeyes* entre
le renversement du trône et le renversement du despotisme justifie les éloges donnés à la finesse de son
esprit. Le despotisme n'est donc pas inséparable du
trône ? on peut donc renverser le despotisme et conser-
ver le trône ? on peut donc renverser le trône, sans
renverser le despotisme ? Quel scandale si une pareille
distinction étoit faite par tout autre que le citoyen
Syeyes !

,, crime égal à tous ceux qui depuis ont
,, été faits à la république. ,,

Les constituans, les législateurs, les conventionnels ; voilà donc trois classes solidaires aux yeux de la coalition ! heureu-
sement que ces trois classes n'en forment
plus qu'une aujourd'hui, et encore la fureur
des républicains l'a tellement moissonnée,
qu'à peine restera-t-il à la vengeance royaliste de quoi glaner.

En effet, que sont devenus les hommes
*qui ont fait au jeu de paume le serment à la
liberté ?* Où est *Bailly ?* où est *Mirabeau,*
empoisonné par les siens et chassé du *Pan-
théon* par *Chénier,* pour faire place à MARAT?
Barnave, Chapelier, Thouret et vous tous,
malheureux constituans, qui pérîtes victimes
de la philosophie et d'un tardif repentir !
craignez - vous que les royalistes ne trou-
blent la paix de vos tombeaux? Ah ! la république vous a soustraits a cet outrage ; elle
n'en accorda point à vos mânes errantes ; et
pour retrouver vos ossemens, il faudroit ex-
humer des milliers de cadavres qu'elle a en-
tassés sur les vôtres.

Où sont-ils donc ces constituans qui doivent périr sous le glaive des royalistes? Parmi ceux qui survivent, les uns sont revenus depuis long-tems au parti même qu'on leur présente comme un juge inflexible ; les autres se sont jetés parmi les conventionnels. Ainsi les membres de l'assemblée constituante, solidaires aux yeux de la coalition, ne le sont pas du moins à ce titre.

Il en est de même des législateurs de 1791, épurés par le 10 août. Ceux qui furent renvoyés dans leurs foyers, parce qu'ils s'étoient opposés *au renversement du trône*, ne seront pas accusés de l'avoir opéré ; les autres ont formé la convention avec les membres de l'assemblée constituante, qui vouloient déjà la république, même alors qu'ils constituoient la monarchie.

Il ne s'agit donc que des CONVENTIONNELS?

Peu-à-peu l'ame se rassure et la peur diminue, à mesure que diminue aussi le nombre des victimes dévouées par le président du directoire.

A l'égard des conventionnels, particulier obscur et isolé, je ne saurois, comme le

[15]

citoyen *Syeyes*, pénétrer les intentions des puissances coalisées, mais je me dis :

Si le lendemain de la mort de Louis XVI, son fils ou son frère eussent occupé le trône sanglant dont il venoit de descendre pour monter à l'échafaud, lui auroient-ils immolé plus de victimes que la convention n'en a fait périr *parmi les siens ? Girondins, jacobins*, partisans de la guerre, partisans de la paix, faction *du genre humain*, faction *des anciennes limites*, PHILIPPE D'ORLÉANS, ROBESPIERRE, vous-mêmes, membres des tribunaux révolutionnaires, réunissez-vous tous, une seule fois, pour accuser vos bourreaux. Répondez : Sont-ce les rois et les royalistes ? .... Le silence de la mort n'est point troublé par cette question. Qu'on leur demande s'ils ne succombèrent pas tour-à-tour sous les coups des patriotes, leurs frères; le plus terrible gémissement se fera entendre depuis les landes de Bordeaux, où *Péthion*, de faim et de désespoir, se déchira les entrailles, jusques aux rives de la Seine qui vit tant de fois ses eaux teintes du sang républicain.

Le nombre des conventionnels solidaires

aux yeux de la coalition , se réduit donc à quelques individus, au sort desquels la France reconnoissante prend, il est vrai , le plus vif intérêt , et que personne ne voudroit voir mourir. Mais parmi ceux-là mêmes , qui sait encore combien tomberoient de victimes de la vengeance royaliste ? *Mailhe, Rovère , Bourdon de l'Oise , Cochon , Carnot,* qui avoient voté la mort du roi, n'ont-ils pas été proscrits par les républicains , comme chefs d'un parti qui vouloit rétablir la royauté en France? Si les républicains se sont trompés , la justice leur commande de l'avouer ; mais si tout a été juste dans la journée du 18 fructidor , s'il est possible d'être conventionnel, d'avoir *voté la mort du tyran* et d'être lié d'intentions et de projets avec les rois, qui est-ce qui peut fixer le nombre des conventionnels que feroit périr le triomphe de la coalition ? *Carnot* fut président du directoire comme le citoyen Syeyes , *Carnot* est convaincu de royalisme. O instabilité des volontés humaines ! tu nous laisses entrevoir les artisans de la contre-révolution sous l'épaisseur du masque révolutionnaire ; et lorsque le président du directoire appelle toutes les craintes au secours de TOUS les constituans, de TOUS les législateurs, de TOUS les conventionnels, à peine nous permets-tu d'en concevoir pour ceux-mêmes qui sont encore réputés républicains.

« Sans doute les premiers coups frappe-
„ ront sur les hommes les plus connus,
„ feront tomber les têtes des républicains
„ les plus ardens (1). Mais à la suite de ces
„ premiers sacrifices qu'exigera la vengeance
„ royale, il en sera de plus obscurs que le
„ monarque donnera à exploiter aux pas-
„ sions subalternes, de plus lentes, dont
„ l'action progressive parcourra tous les
„ rangs, atteindra tous les états, embras-
„ sera toutes les époques. „

C'est pour la seconde fois que le directoire

---

(1) On ne sait pas bien quels sont les républicains qui peuvent impunément se vanter d'être *les plus ar-dens*. Dans le message où Syeyes annonçoit qu'il avoit fait mettre les scellés sur les presses des journaux royalistes et jacobins, il affirmoit que les républicains qui se désignoient comme plus ardens que les autres, n'étoient que des royalistes déguisés, et il les traitoit en conséquence. S'ils sont royalistes, ils ne périront pas, s'ils sont républicains ardens, pourquoi les calomnier et les proscrire ?

généralise les vengeances qui le font trembler ; nous verrons tout-à-l'heure comment il les particularisera. Observons en passant qu'un monarque qui donneroit des vengeances à *exploiter* aux passions subalternes ne seroit point un monarque, mais un chef de bandits révolutionnaires qui courroit grand risque d'être précipité du trône bien plus vîte qu'il n'y seroit monté. Celui qui a tout pouvoir n'en jouit qu'en réprimant les passions dangereuses ; s'il les exalte, il se perd. Les vengeances particulières sont des insultes à la loi qui retombent toujours sur son premier ministre. Aussi Louis XVIII disoit-il dans sa proclamation : *Qui osera se venger, quand le roi pardonne ?*

Je reviens à la proclamation.

" Alors seroit atteint le militaire qui n'a
„ pas voulu fusiller les provocateurs des
„ états-généraux, les membres des états de
„ Bretagne et de Dauphiné, en 1788. „

Les militaires de cette époque ont été moissonnés par la victoire. Les membres des états de Bretagne et de Dauphiné, en 1788, sont morts naturellement, ont émigré ou ont

été guillotinés. Ceux qui restent, s'il en reste,
seront déportés en vertu de la loi sur les
ôtages. Ainsi, ils sont entre la royauté qui
les menace, au dire du directoire, et la république qui les atteint, au vû de tout le
monde.

 " Alors seroient poursuivis les signataires
,, des nombreuses adresses d'adhésion, qui,
,, de toutes les parties de la France, arri-
,, voient aux états-généraux devenus assem-
,, blée nationale. ,,

 Où sont-ils ces signataires ? la plupart ont
été poursuivis, emprisonnés, condamnés
pour leur attachement opiniâtre à la monarchie. Ceux qui ont ADHÉRÉ à la *convention*,
comme à *l'assemblée nationale*, à toutes
les constitutions républicaines, comme à la
constitution de 1791, ADHÉRERONT encore
au rétablissement de la royauté. Ces gens-là
n'ont rien à craindre, ils sont respectés dans
les monarchies. Les rois ne proscrivent pas
les modérés.

 " Alors seroient attaqués les généreux
,, plébéïens qui organisèrent, armèrent,
,, commandèrent cette garde nationale,

,, dont fut couvert en un moment le sol de
,, la France régénérée. ,,

Outre qu'il faudra bien qu'il y ait des bourgeois pour qu'il y ait des nobles et des marchands, des artistes, des cultivateurs, des
ouvriers, pour qu'il y ait des nobles riches,
cette garde nationale a tellement été punie
par les républicains qu'il ne restera rien à
faire aux royalistes. Depuis *Lafayette*, jusqu'aux commandans des bourgades, tous les
chefs ont été proscrits de manière ou d'autre.
Si on veut prendre la garde nationale de
Paris pour exemple; les fameuses pétitions
des huit mille et des vingt mille en faveur
de Louis XVI, les Marseillois attirés dans
la capitale pour faire le 10 août, les humi-
liations dont on l'a abreuvée, lorsqu'on pré-
paroit de grands crimes, les canons tonnans
sur elle en vendémiaire, le peu de confiance
que lui témoignent encore les autorités républicaines, toujours entourées de troupes de
ligne, tout atteste que cette garde nationale
fut tout au plus coupable d'erreur, dans le
sens des royalistes. L'erreur de tout le monde
n'est jamais celle de personne. Et qui n'a
point erré depuis la révolution ? dans le

système républicain, que de crimes inutiles !
dans le système royaliste, que de fautes irréparables ! qui est-ce qui est à l'abri du re-
reproche de foiblesse, d'avarice, d'ambi-
tion, d'imprévoyance ? lorsque les rois ont
fléchi devant la révolution, qui pourroit
faire un crime aux bourgeois de la France
d'avoir cru quelques instans aux bienfaits
dont elle promettoit de les accabler ? les
sottises de tous et les malheurs communs
ont consumé les haînes ; l'émigré qui racon-
teroit ses infortunes pour s'exciter à la vengeance, trouveroit cent mille Français restés
sur le sol de la république, qui lui arrache-
roient les larmes, en lui racontant les longues
souffrances qu'ils ont endurées.

" Alors seroient sacrifiés ces honorables
„ transfuges de la caste privilégiée qui vin-
„ rent se ranger dans les bataillons des
„ hommes libres, et rendre hommage à
„ l'égalité. „

Si ces honorables transfuges de la caste
privilégiée ont été sincères dans l'hommage
qu'ils ont rendu à l'égalité, ils ne se plain-
dront pas de n'être plus appelés aux distin-
tions qui font la base de la monarchie, puis-

qu'elles sont contraires aux principes qu'ils ont adoptés ; ils vivront heureux loin de la cour. Le nombre en est bien petit, comparé au nombre de ceux que la loi des ôtages marque pour être immolés sur la tombe des patriotes ; car sans doute le citoyen Syeyes n'inscrit pas les nobles proscrits par la république sur la liste des nobles qui seront proscrits par la royauté. Il y auroit inconséquence.

„ Alors seroient livrés à l'anathême sa„ cerdotal les prêtres qui ont secoué le joug
„ de Rome en 1790, comme ceux qui ont
„ abjuré leur culte en 1793 ; ceux qui ont
„ conservé leurs fonctions et ont juré d'être
„ fidèles aux lois de la république , comme
„ ceux qui ont changé d'état, et se sont
„ soumis aux lois de l'hymen. „

Les prêtres qui ne sont pas menacés dans cet article de la proclamation , ont été noyés à Nantes, étouffés dans la rade de Rochefort , fusillés dans beaucoup de départemens , égorgés dans tous : on vient de déporter le reste , et les malheureux ont péri sous l'humanité de cette mesure. S'il est vrai cependant, comme on le dit dans un autre article , que le *trône et l'autel* s'apprêtent *à renouer leur antique alliance*, comme cette alliance ne peut être renouée qu'entre des royalistes d'une part et des prêtres de l'autre, les sermens prêtés ne seront donc pas indistinctement des torts, encore moins des torts irréparables. Ne fut-ce que pour se procurer le nombre d'ecclésiastiques nécessaires au culte, il faudra bien ne pas accuser les uns, et accueillir la rétractation déjà publique des autres. Pour ceux qui ont abjuré leur culte, ou *qui se sont soumis aux lois de l'hymen*, j'oserois bien affirmer que, si la France ne trembloit que pour eux, la tranquillité seroit bientôt rétablie.

Ou la France tient à sa religion, ou elle n'y tient pas. Si elle n'y tient pas, comment l'intéresser en faveur des prêtres, quels que soient leurs vertus, leurs erreurs ou leurs crimes ? Si, au contraire, l'immense majorité des Français est persuadée que la religion est la base de la morale, de la justice et de tout gouvernement équitable, lui présenter la religion renaissant avec plus d'éclat au retour de la royauté, n'est-ce pas lui faire desirer ce retour ? L'article des prêtres est si délicat, qu'il eût mieux valu n'en point parler dans la proclamation.

" Alors seroient persécutés tous ces ma- ,, gistats qui se sont honorés *du choix du* ,, *peuple ;* qui, après s'être assis sur les ,, fleurs-de-lis, ont jugé *dans les tribunaux* ,, *populaires.* Leur probité ne les justifie- ,, roit pas aux yeux de leurs ennemis, irrités ,, de ne pouvoir donner un faux motif à leur ,, cruauté. ,,

Cette dernière phrase de la proclamation est si belle, que je ne la comprends pas tout-à-fait. *La probité des magistrats qui ne les justifie pas aux yeux de leurs ennemis,* me rappelle la mort de MM. Malesherbes et Angrand-d'Alleray, deux hommes à qui l'antiquité eût élevé des autels, et qui ont péri sous la hache révolutionnaire. Ce que je sais fort bien, c'est que toutes les fois que les magistrats ont été véritablement *choisis par le peuple,* la justice et l'impartialité ont régné avec tant d'éclat dans les tribunaux, que les juges ont été cassés, proscrits, assassinés comme royalistes. S'il étoit besoin de prouver ce qui est connu de la France entière, je citerois le discours du

citoyen Syeyes *à la fête* du 18 fructidor,
et les nombreuses commissions militaires
auxquelles on traîne les accusés, dans la
crainte qu'ils ne soient absous par les tribunaux populaires.

J'omets d'autres proscriptions particulières
pour arriver à celle qui, pour la quatrième
fois, enveloppe la France toute entière.

" Alors les haînes particulières redouble-
„ roient d'activité. Alors les agens royaux
„ recevroient *toutes* les dénonciations, ser-
„ viroient *toutes* les fureurs ; le républica-
„ nisme deviendroit le crime de quiconque
„ auroit un ennemi, un envieux, un jaloux :
„ le royaliste même seroit atteint par la ca-
„ lomnie, et la sûreté personnelle n'exis-
„ teroit pour aucun citoyen. „

Pour peindre dans un jour effroyable le
retour de la royauté, le président du directoire a fait le tableau du règne de la terreur,
règne affreux que les Français n'oublieront
jamais. Mais si *la sûreté personnelle n'exis-
toit* alors *pour aucun citoyen*; si le républicain tomboit par la dénonciation d'un répu-

blicain, c'est que le pouvoir étoit dans les mains de la lie de la nation. Le portier, le savetier, le commissionnaire, ne concevant l'égalité que dans ceux qui leur ressembloient, frappoient comme aristocrate, quiconque étoit au-dessus d'eux par l'éducation, les talens et la fortune.

En sera-t-il de même, si la royauté triomphe en France? Je suppose, avec le citoyen Syeyes, que les royalistes nommeront *des agens pour recevoir les dénonciations*, les prendront-ils dans la canaille, comme Robespierre? Personne ne le pense. Les choisiront-ils parmi les nobles? cela n'est pas présumable. Outre que les nobles éleveront plus haut leurs prétentions, je défie qu'avec dix mille émigrés, on forme quarante-quatre mille comités révolutionnaires. Il faudra donc confier les commissions dont il s'agit à des roturiers. Bourgeois de Paris, de la France entière, répondez vous-même à la proclamation du directoire. De qui serez-vous envieux ou jaloux? Quitterez-vous vos comptoirs, vos affaires pour le métier de dénonciateur, métier infâme, méprisé par ceux-mêmes qui le salarient? Mais la haine, dit-on, vous rendra capables de tout. La haîne! les Français sont trop légers pour la nourrir, trop généreux pour l'exercer; dès qu'on cesse de les persécuter, ils oublient qu'ils ont souffert. Le tems emporte jusqu'aux souvenirs. A peine nous rappellons-nous les noms des monstres qui nous ont arrachés à nos épouses, à nos enfans, pour nous entasser dans les dépôts de leurs boucheries : la plupart sont dans la misère, et ne reçoivent de secours que de ceux qu'ils ont voulu assassiner. On les abhoroit, quand ils étoient puissans; ils n'excitent plus que la pitié. Autant en sera de ceux qui font encore trembler aujourd'hui.

La proclamation du citoyen *Syeyes* nous met sous les yeux *les pages sanglantes de l'histoire d'Angleterre, du règne de Charles et de Jacques II, les échafauds des Sydney,* etc.

Charles Ier. périt sur un échafaud, comme Louis XVI; au lieu de la république, les Anglais eurent une tyrannie si exécrable, que tous les vœux se reportèrent vers la royauté.

Après la mort de Cromwel, les Anglais

relevèrent le trône, et ils y replacèrent le fils de Charles. Ils craignoient donc plus la tyrannie exercée au nom de la république, que la tyrannie exercée au nom de la royauté.

" Charles, dit Voltaire dans le siècle de „ Louis XIV, fut reçu dans les plaines de „ Douvres par vingt mille citoyens qui se „ jettèrent à genoux devant lui. Des vieil- „ lards, qui étoient de ce nombre, m'ont „ dit que presque tout le monde fondoit en „ larmes. Il n'y eut peut-être jamais de „ spectacle plus touchant, ni de révolution „ plus subite. „

Charles fut un prince débonnaire, *un ami fidèle, un maître indulgent et facile;* il *se donna le mérite de la clémence* (1).

Dix-neuf régicides seulement furent con-damnés à des peines capitales que plusieurs ne subirent pas; il n'y eut que vingt fana-tiques déclarés incapables des emplois pu-blics. Monk, général de l'armée républi-

----

(1) Benjamin Constant, des suites de la contre-ré-volution en Angleterre.

caine, fut créé duc, et comblé d'honneurs et de biens. Les bienfaits de Charles se répandirent sur les autres généraux de la révolution, dans la proportion de leur mérite et de leurs services; tous les officiers conservèrent leurs grades; la solde arriérée fut payée aux troupes. Fairfax lui-même conserva sa vie, ses biens, sa place au parlement. Milton, républicain effréné, apologiste du régicide, secrétaire de Cromwel et de son fils, mourut tranquille en Angleterre, quatorze ans après la restauration. Il n'avoit pas fait à cette époque *le Paradis perdu;* ainsi ce fut l'homme et non le grand homme, qui reçut le pardon de Charles.

Aucun écrivain n'a accusé Charles d'avoir violé l'amnistie. L'échafaud de Sydney ne fut dressé qu'en 1683, vingt-trois ans après la restauration, et Sydney n'y monta que parce qu'il fut judiciairement convaincu de conspiration avec le duc de Montmouth, fils naturel du roi.

Citoyen Syeyes, ne parlez jamais *de l'histoire d'Angleterre*, de peur qu'on ne la lise; ni de *ses pages sanglantes*, de peur qu'on ne les cherche et qu'on ne les trouve.

Le règne de Jacques II a encore moins d'analogie avec notre situation présente et future. Les torts de Jacques furent ceux d'un prince catholique, au milieu d'une nation protestante, et non ceux d'un prince *réacteur* contre une nation républicaine. Ce qui le prouve, c'est qu'en le détrônant, les Anglais ne songèrent point à recréer la république; ils proscrivirent le roi, non la royauté.

Je crois avoir prouvé au citoyen Syeyes que ce n'est point par la peur des vengeances royales qu'il faut entreprendre de sauver la république. Quoiqu'il ait compris bien du monde dans sa proclamation, beaucoup n'y sont pas; beaucoup ne s'y verront pas, et ceux-là pourront se croire moins intéressés à son salut. Les rentiers, par exemple, ne sont pas menacés par le citoyen Syeyes; et pour les attacher à la révolution, il faut moins les épouvanter des réductions que le roi fera sur leurs rentes, que leur montrer la fidélité dans les engagemens, comme la vertu particulière des républiques.

Les femmes non plus ne sont pas comprises dans les menaces que le citoyen Syeyes adresse à la France au nom de la royauté ; cependant, dans le système de la terreur royale, il falloit frapper vivement leur imagination. Si les femmes ne tremblent pas, les hommes oseront-ils avoir peur ? Elles n'ont pas oublié qu'elles furent conduites à la boucherie sous le règne de Robespierre ; elles savent qu'elles peuvent être fusillées en vertu des lois sur les émigrés ; déportées comme ôtages ; déportées encore pour avoir donné asyle à un prêtre, à un émigré, au fils qu'elles ont allaité, et que la république appelle impérieusement à sa défense. Je le répète, si les femmes ne tremblent pas au nom de la royauté, l'effet de la proclamation est manqué ; et comme il est difficile de leur présenter sous un aspect hideux une forme de gouvernement dans lequel elles sont tout, il faut renoncer à confier à la peur le salut de la république.

Mais, où le citoyen Syeyes s'expose à n'être point cru, c'est lorsqu'il décrit tout ce que la royauté rétablira : qui peut le savoir ?

Si le retour de la royauté devoit ranimer le commerce, rétablir la confiance, pacifier l'Europe pour des siècles, réunir

les esprits divisés par la politique et les opinions religieuses, rassurer les propriétaires
allarmés, diminuer la masse des impôts,
rendre chaque fils à son père, certes, le citoyen Syeyes n'en conviendroit pas, il ne
pourroit pas en convenir. Comment donc
inspireroit-il la confiance, lorsqu'il affirme
le contraire? La conviction peut-elle naître
d'un discours où l'impartialité seroit imputée
à crime ?

Nous avons expié, par la plus sanglante
des révolutions, les fautes accumulées dans
les cinquante dernières années de la monarchie : nous expions aujourd'hui les crimes
et les erreurs de la révolution. Si ce boule-
versement politique étoit à recommencer,
où est l'homme qui le voudroit dans tous ses
points, tel qu'il s'est accompli ? Qui de même
osera dire que l'on rétablira la monarchie,
telle qu'elle étoit en 1788 ? On le tenteroit
qu'on n'y réussiroit pas. Il y avoit des abus;
qui pourroit se vanter de les recréer. Personne ; le tems seul a ce privilége. Les ins-
titutions attachées au retour de la royauté
sont un mystère caché sous les voiles de
la politique et du tems. Pour la résurrection

de l'ancien régime dans toutes ses parties, qui que vous soyez ne la craignez où ne l'espérez pas : je le répète, elle est impossible.

Qu'importent, après tout, au peuple français les projets des royalistes ? Pourquoi l'humilier par le sentiment de la crainte, lorsqu'il est si facile à l'exalter par le tableau des *bienfaits* de la république ?

Dans la république, tous les hommes sont libres ; ils jouissent en paix de leurs propriétés et du fruit de leur industrie ; ils manifestent leurs opinions par la parole et par la presse, sans craindre les censeurs ; ils peuvent adorer Dieu à leur manière, sans craindre la persécution : si la sûreté publique exige qu'ils soient arrêtés, des formes respectables sont là pour adoucir les rigueurs de la loi. Redouteroient-ils la bastille ? elle est renversée. Seroient-ils effrayés de la longueur des procédures criminelles ? les militaires ne connoissent point les détours inventés par la chicane pour prolonger les angoisses des accusés : la justice est prompte comme la foudre.

Dans la république, tous les hommes sont

égaux : plus de priviléges ; nous naissons et nous *mourons* tous soldats. Avec les lumières de Moulin et de Roger-Ducos, l'austérité de Gohier, la tête de Syeyes, les vertus de Barras, nous pouvons tous être directeurs ; avec le génie de Talot, le courage de Garat, la gloire de Jourdan, l'éloquence de Chénier, nous pouvons tous être députés. *Quelle perspective !*

Dans la république, chacun pouvant se livrer à son génie, les arts fleurissent ; le commerce répand par-tout l'abondance, la marine et les colonies prospèrent ; le luxe est grand, mais il ne surpasse pas la fortune des particuliers ; les banqueroutes sont rares et toujours sévèrement punies. Pour que le riche n'ait pas le tems d'humilier le pauvre, des emprunts adroitement ménagés viennent bientôt le soustraire à l'envie. C'est ainsi que l'égalité se recrute sans cesse de ceux qui cherchent à briser son niveau.

Dans la république, on ne connoît pas ces coups d'autorité qui faisoient trembler les parlementaires sur leurs siéges. Les représentans du peuple ne sont sujets ni à l'exil,

ni aux lettres-de-cachet; on les respecte,
comme on respecte le peuple lui-même.

Dans la république, les fautes sont per-
sonnelles. Là, est inconnue cette affreuse
législation qui rend les enfans responsables
des fautes de leurs pères, les pères solidaires
pour leurs enfans, l'épouse pour son époux.
Là, on n'hérite ni des vivans, ni de ceux
qu'on assassine.

Dans la république, on ne jouit point de
cette fausse tranquillité, qui, dans les monarchies, énerve les esprits. Aujourd'hui
héros, demain proscrit, cette rapide alter-
native ne vous fait parcourir toutes les ex-
trémités que pour exercer toutes les facultés
de votre ame; c'est elle qui créé les grands
hommes. Turenne meurt, la monarchie fran-
çaise est en deuil, un siècle entier ne le re-
produit pas. A Lafayette succède Dumouriez, à Dumouriez Custines, à Custines
Beauharnois, à Beauharnois Jourdan, Hoche,
Pichegru; à ceux-ci Buonaparte qui fixe la
victoire et part sans retour pour l'Egypte
avec elle. Schérer le remplace; il est rem-
placé lui-même par Joubert, sur le tombeau

duquel Championnet ressaissit d'une main
hardie le drapeau de Bellonne ; quelque soit
son sort, Français, rassurez-vous : les grands
hommes, si rares sous les rois, naissent en
foule dans les républiques ; et comme l'a dit
Bernadotte, qui écrit comme il se bat, *la
liberté a changé la nature.*

LA LIBERTÉ A CHANGÉ LA NATURE !!!
Voilà de ces grandes vérités qu'il faut pro-
clamer, qu'il faut répéter sans relâche au
peuple. français. Comment guider par la
peur des hommes qui sont sous l'égide de la
liberté ? Renoncez-y, citoyen Syeyes, et
pour nous intéresser au salut de la république, ne nous parlez que de la gloire et
du bonheur qui nous attendent.

Si vous nous faites trembler, tout est perdu :
les rois n'auroient qu'à nous placer devant
la *crainte* de leur résister ? entre cette
crainte et celle de leur triomphe, que deviendrions-nous ?

Que deviendrions-nous, si l'armée royale,
commandée par Condé et soutenue par les
rois coalisés, entroit dans un de nos départemens, et que loin d'y accomplir vos

effroyables prédictions, elle rassurât tous les esprits par sa modération, et réunît tous les cœurs par les témoignages d'une amitié sincère envers ses concitoyens? Les autres départemens, que *votre* peur seule eût armés, ne perdroient-ils pas bientôt une énergie qui ne seroit produite que par une sensation fausse et pénible ?

Le triomphe de la république et celui de de la vérité sont inséparables. Si l'événement faisoit jamais qu'on pût vous accuser d'exagération, la république périroit. Ne dites donc que la vérité, et croyez que la peur est le dernier sentiment que vous pouvez nous inspirer, en nous parlant du retour de la royauté. Adressez-vous à notre haîne pour la tyrannie, vous frapperez plus juste.

BIBLIOTHEQUE NATIONALE DE FRANCE
3 7531 01995824 9

www.ingramcontent.com/pod-product-compliance
Lightning Source LLC
LaVergne TN
LVHW050113060726
842524LV00003B/1082